JN439574

아침햇살 머무는 자리

아침햇살 머무는 자리

김종두 제3시집

도서출판 경남

경남시인선 131

아침햇살 머무는 자리

펴낸날 | 2010년 1월 30일

지은이 | 김 종 두
펴낸이 | 오 하 룡
펴낸곳 | 도서출판 경남

주소 | 631-430 마산시 서성동 66-18
연락처 | (055)245-8818~9 / 223-4343(팩스)
홈페이지 | www.gnbook.com
블로그 | gnbook.tistory.com
이메일 | gnbook@empal.com
등록 | 제2호(1985. 5. 6.)
편집팀 | 오태민 | 심경애 | 구도희

ISBN 978-89-7675-609-1-04810

〔값 9,000원〕

| 저자의 말 |

시인과 농부라는 말이
어쩌면 나를 두고 하는 말인가 싶다.

젊은 시절 사오 년간 짧은 공직에서 벗어나와
흙속에 뛰어든 것이 영원한 농부가 되었고
평생을 흙에서 살면서 분재소재를 가꾸고 분재를
다듬고 사는 것이 내 천직이며 일상이다.

1992년 1월에 첫 시집 《새벽이 열릴 때》를 선보이고
9 년이 지나서 2001년 2월에 두 번째 시집
《바람과 구름이 스쳐간 자리》를 출간하였는데
또다시 9년 만에 세 번째 시집 《아침햇살 머무는 자리》를
선보이게 되었으니 9년이란 세월이 우연이 아닌 듯싶다.

그리고 해설을 맡아주신 시인 채수영 교수님께
감사를 드리고, 아울러 표지 그림을 보내주신
화백 하판덕 교수님께도 고마운 마음을 보낸다.

| 차 | 례 |

제1부 십자가에 걸린 달

제2부 꽃잎의 사랑

제3부 사랑의 영혼

제4부 강가에 앉아

제1부

십자가에 걸린 달

본심本心

본심은 양심良心
본심대로 살리라

풀잎 같은
초록의 인생
맑은 하늘처럼
살고파서

때묻어
더럽힌 마음
꽃물 짜
닦아 내고

영롱한 이슬에
고운 본심 다시 씻어
파아란 하늘 우러러
아침 햇살에 바랜다

참선參禪

국보國寶 467호
표충사 삼층 석탑
그림자 뜰에 누워
칠월 한낮 햇빛을 피해 쉰다

먼 세월 저편에
겹겹이 쌓인 사연
흔적 없는 울음으로
참선을 하고픈데

흐느끼는 숨결이
탑신에 기대서서
저녁노을 밀려오면
달빛에 젖고 싶어라

분재 앞에서

세월이
가지에 머물러
마디마디 아픈 사연

한여름 푸른 잎새
가을밤 찬이슬에
붉게 물들고

긴긴 세월 굳건히
철따라 꽃피우며
고운 자태 뽐내더니

수많은 풍상에
그렇게 많은 사연
뿌리깊이 감추었나

헐벗은 나목裸木에
옹이가 되었는 듯

그래도 긴 세월을
너와 함께 살아간다

아침햇살

이른 아침
밝은 햇살이
내 눈을 뜨게 하고

고요를 찢는
새소리가
귀를 밝힐 때

먼 산골
맑은 물소리로
때묻은 마음
정갈하게 씻어내어

샘물 퍼다
세수한 물로
뜰 앞 창포 잎을 적신다

찐한 눈물

살아온 세월에
아물지 못한 흉터

노을이 울다간 자리에서
짐승처럼 상처를 핥고

끝없는 우주공간을
촛점 없이 바라보면

오래된 작은 생명이
아직 살아남아

마른 눈물샘에서
조금씩 배어나오는

아아,
찐한 내 눈물

십자가

성당의 종소리가 멎은
거룩하고 고요한
성탄의 밤

붉은 십자가에
초생달이 걸려 쉰다

산 짐승의 무리들도
숨죽여 기도하고

바람조차 멈춘
엄숙한 밤은
어두운 적막이 흐르는데

가로등 불빛을 안고
붉은 십자가를 바라보며

아아 주님이여
살아 있게 하여주셔서
무척 감사 하옵니다

초추初秋의 밤

태풍 스쳐가니
더위는 쓰러지고

창문 열고 보니
가을이 다가섰다

먼 산에 달은 지고
풀벌레 이슬 맞아 울면

나를 부르는 듯
누가 찾아올 것만 같고

가을밤 찬이슬에
석류의 붉은 열매 익어만 간다

응급실

응급실은 만원이다
어찌 이렇게도
많은 사람들이 아우성인가……

밝은 얼굴과
미소가 없는 곳
모두가 초조하고 불안한데

누군가 한참
고통스럽던 자리에
나도 잠시 앉았다

울부짖는 소리
숨소리도 못 내고
의식을 잃어가는 사람

더 살고 싶은 욕망이
가장 처절한 현장
훗날의 내 모습을 보고 있다

초혼招魂

—김종영 미술관에서

영원한 예술 앞에
인생은 너무 짧다

님은 일찍 떠나시고
혼만 여기 남았으니

산기슭에 부는 바람
님의 음성 들리는 듯

거룩한 님 보내시고
홀로 여기 눈물 짓나

낙화암

꽃바람 불었더냐
꽃잎 떨어졌더냐

낙화암 절벽 아래
흐르는 백마강아

강물 위에 떨어져간
삼천궁녀 어딜 갔나

부소산성 여기저기
백제 흔적 완연한데

흩날리는 낙엽이
삼천궁녀 영혼인가

낙화암아 말해다오
그때 그 사연들을……

고란사皐蘭寺

부소산성 기슭아래
백마강 굽어본다

풍경소리 가냘퍼라
백제영혼 울고 있나

고란사 우는 종鐘은
부소산을 흔들면서

낙화되어 떨어져간
삼천궁녀 혼 달래나

흐르는 백마강엔
황포돛대 떠가고

찾아온 길손은
눈물만 자아낸다

시인의 땅

봄 햇살
이랑 긴 밭에
오래 머물러

농부는 씨를 뿌리고
시인은 시를 거둔다.

바람이 흰 구름을
밀어내고
낮달이 노 저어 가면

저녁노을 내려와
쉬고 가는 자리에
매화꽃 활짝 피어 향기롭고

밭이랑 끝에서는
시인이 걸어오고
농부가 걸어오고……

가을 설악산雪嶽山

설악산 절벽에
불길 치솟아 탄다.

가을산은 불바다
천길 깊은 계곡에

붉은 물 토해 내니
비단 씻어 펼쳤는듯

단풍잎 흩날려
꽃잎 되어 쏟아지고

한줌 쥐었더니
하얀 손바닥에
붉은물 들었구나……

설악산 한계령

설악산 올라가
한계령에 섰다

하늘과 산이
맞닿은 곳에

창槍날 꽂아 세웠나
기암절벽 장관이다

밀면 쏟아질듯
바람 불면 흔들릴듯

신령이 깎아 세운
조형 예술품

뻐꾸기의 울음

앞들 보리밭에
놀던 뻐꾸기

오늘은 뒷산에서
온종일 슬피 운다

간밤에
어미가 죽었다더니
혼자서 임종을 하고

이 산에서 뻐꾹
저 산에서 뻐꾹

어미 잃어 슬피 울며
피를 토한다

어머니 생각 · 1

한겨울 깊은 밤
달빛 얼은 창가에
찬바람 울며 가니

어머니 치마 자락인가
나뭇가지 그림자
창가에 흔들리고

가랑잎 구르면
님의 발자국소리인 듯
잠 못 이루는데

그 옛날 동지 달 깊은 밤
함박눈이 쏟아지던 날
내 고향 옛집에서

어머니와 함께
부엉이 울음소리를
같이 들었습니다

어머니 생각 · 2

젊은 날의 어머니는
우아한 목련이셨고
화려한 모란이었습니다

긴긴 세월 구십평생
희생으로 살다 가신
거룩하고 성스러운 삶

사남 일녀 기르시며
갖은 고생 다하시고
남몰래 흘린 눈물
강물 되어 흘러가고

수많은 슬픈 사연
홀로 숨어 우시면서
겉으로 태연하고
속으로 한이 되어

영화도 못 누리고
한풀이도 못 하시고
저승길 왜 가셨나
칠십 노구 불효자식
통곡하며 비나이다

세모歲暮의 새벽

어머니, 을유乙酉년(2005년)의
마지막 닭 울음도 없는
긴 겨울밤의 새벽이
내게는 너무 차갑습니다

아직 날이 밝지 않았는데
개 짖는 소리에 먼저 잠을 깨었더니
이미 문전에는 병술 년의 기척이 납니다

멀리 동읍 다호리 뒷산
어머님 유택에도
한겨울 새벽이 얼어
어둠이 밝지 않았겠지요

간밤에는 겨울밤이 너무 차가워
부엉이도 찾아와 울지 않았을 텐데
옆자리에 누워계신 아버지는
지금도 밤마다 찬술을 드시나이까

어머님 아버님
이 세상 사랑 중에 어버이 사랑같이
뜨겁고 귀한 사랑 어디 있겠나이까
불효자는 목이 메어 눈물 흘립니다

아버지의 눈물

나는 보았다
아버지의 눈물을…
그때 그것은 너무 진한
후회의 눈물이었다

말없이 비통하게
아들의 손을 꼭 잡은 당신
잘못사신 처절한 후회의
뼈저린 고통을 보았다

여기 아버지의 산소에
지금은 찬비가 내리는데
작은 우산으로
젖은 무덤을 가려보며
눈물인지 빗물인지

가슴에 담고 산
아버지의 눈물

이제 내가 늙은 아비가 되어
몰래 눈물을 감추고 산답니다

파랑새

새가 난다
파아란 하늘 위로
파랑새가 난다

하늘에서 노는 새는
하늘빛 물이 들어
파랑새가 되었다

그리고
파아란 하늘이 좋아
하늘을 바라보는 나도

하늘빛 물이
가슴에 떨어져
파랗게 가슴이 물들었다

내 고향 오월

파란들 개울가
하얀 찔레꽃밭에
아침햇살 머물면

보리밭은
늦은 봄바람이
바쁘게 스쳐가며
녹색 물결 이루던 곳

맑은 개울 물소리에
솜구름 흘러가다
연두색 가지에 머물러 쉬고

산새 모여 들어
지저귀며 놀던 곳
여기가 내 고향
꿈꾸던 시절의 창원 소답동

비 내리는 밤의 고독

밤은 빗소리로 젖고
내 고독의 자리에는
누가 다가올 것인가

바람조차 없는
슬픈 밤이다

한방울의 눈물로 돌아서
끝없는 길을 걸으면
작은 목소리로 누가 나를 부를까

내 모습
보이지 않을 때

들국화 핀 언덕에
그렇게 애처롭던
풀벌레 울음소리도 멎겠지

슬픈 가을밤이
비에 젖고 있다

금강산

구름안개 자욱한
골짜기 맑은 물에
선녀들 내려와
유유히 놀다 가고

푸른 숲에 지저귀는 산새
절경에 반하여
날지를 못하구나

신령이 빚어 만든
기암 절벽에
뜬 구름이 걸려 쉬니

바람도 불어와
숲을 안고 맴돌다
울면서 스쳐가고

천 년 노송에
학이 날아 짝을 짓더니
솔숲을 사뿐 밟고 하늘로 난다

군사 분계선

2008년 6월 3일 16시 45분
나는 지금 분단된 조국의
군사 분계선을 넘고 있다

동족이 사상과 이념이 달라
반세기가 훨씬 지난 지금도
총칼을 마주 겨눈 여기

전쟁의 상처로 지나간
아득한 반세기의 세월에
조국은 동강 난채 불구로 누웠구나

아아 우리는 지구상에
가장 슬픈 민족이든가
나의 염원은 통일,
조국 통일이다

샘 물

하늘이
맑은 샘물에 담겨 있고

구름은
샘물 속에 떠가고 있다

엎드려
마른 목을 적시면

하늘도 구름도
입속으로 빨려들고

손으로 샘물을 푸니
하늘이 구름이 손에 잡힌다

만 남

지난봄 천주산기슭
진달래 물결이
붉은 파도로 넘실대더니

어느새 초록의 울타리에
황금빛 꾀꼬리가 앉아 운다

흘러간 세월
저만치 떨어져나간
먼 추억의 뒤안길에는

그때의 까만 눈망울과
철없는 웃음으로
반세기 전의 동심이 그리운데

친구여 반가워라
하늘과 땅 사이
우리가 살면서

만남은 진한 감동으로
황홀한 희열을 남기고
이별은 아픔 되어
상처의 골이 깊다

살면서 살아가면서
다 찌든 모습들이
그래도 아직 용케 살아남아

피와 땀이 뼛속까지 사무쳐
눈물로 얼룩진 자화상은
포성이 끊긴 전지에
찢어진 깃발인 양 펄럭인다

광복의 날에

1945년 8월 15일
그때 그날의 현장에는
여덟 살 어린 소년이 있었다

해방이다 자유다
만세 만세 만만세
노도 같은 군중
두 팔 벌려 환호하고

미친 듯이 뛰쳐나와
주재소에 돌 던지고
칼 찬 순사 잡으려고
대창(竹槍) 들고 나왔더니

신탁통치 절대반대
완장 두른 청년들이
친일 족속 잡아다가
개 끌듯이 끌고 오고

서슬 푸른 총칼 앞에
고개 한번 못 들다가
광복절 맞이하니
그때 그일 생각난다

겨울 바다

여기는 동해
겨울 바다에
백사장은 길게 누웠는데

해일처럼 밀려오는 파도가
큰 울음으로 해변에 부서진다

눈송이처럼
얼어붙은 물보라에
갈매기 떼지어 날지 못하고

찬바람은 긴 울음을 내며
자꾸 파도만 밀고 오는데

나는 겨울바다에서
혼자 선채로 화석이 된다

꽃잎의 사랑

장 미

요염한 여인인가
붉은 입술로 속삭이며
내 앞에 다가선 너

마른 가슴에
젖어오는 물기 같은
짜릿한 전율이

내 심장을
한참이나
파르르 떨게 하여

나는 정열의 미소로
젖어 있는 네 입술에
내 입술을 포갠다

목 련

달 없는 검은 밤
잠못 이뤄 뛰쳐나가

뜰에선 흰 목련을
임이련가 생각하고

가까이 다가가서
살며시 안았더니

수줍어 떨고 있는
웃고선 임 같아라

홍매紅梅

달빛 얼어붙은
하얀 눈 위에
선혈을 토하는 너

무슨 한이 맺혀서
봄 이른 설한에
홀로 떨며 피었느냐

무섭도록 차가운
너의 붉은 자태에
내 혼을 빼앗기고

넋 잃은 나는
네 앞에 멈춰 서서
이 밤을 지새운다

복수초

눈이 부신다.
황금빛 복수초다

이른 봄
햇빛 쏟아지니

얼었던 땅속에서
살며시 고개 내민 너

기다렸다 긴 겨울
내가 너를 만나려고……

모란이 지는 날

이슬비 내리는 뜰에
모란이 시들어
꽃잎은 무너져 내리고

무너진 꽃잎이
젖은 가슴에 쌓여
내가 이렇게 야위어 가는 날

어쩌면
어머니 모습같이
우산 바치고
누가 찾아 올것만 같아

어느 길모퉁이에
홀로 마중 나가 서 있어도
오래도록 외롭게 서 있어도
지겹지 않을 그 사람이 올것만 같아

낙화의 서러움을
저만치 밀쳐두고
나는 아무도 알 수 없는
푸른 그리움에 젖고 있다

백일홍(배롱나무)

한여름 불꽃처럼
백일홍 붉은 꽃이
불을 토한다

하늘에는 태양
땅에는 백일홍
천지가 불이구나

매미는 뜨거워
먼 숲에서 울고
해바라기도
피다가 고개 숙이는데

날던 새 앉으려다
붉은 꽃에 놀라
멀리 하늘로 달아난다

낙화落花

당신이 다녀간
빈자리에

꽃잎 시들어
남은 발자국

낙화
떨어진 꽃에 조문하고
한없이 통곡 한다

낙화
낙화
낙화

살구꽃 연가戀歌

그대
사무치게 그리운
긴 겨울밤을 지새고

아침 이슬도 없는
작은 울타리 사이
살며시 수줍은 듯
얼굴 내밀어 꽃피우더니

어느새 꽃잎 떨어져
그대 붙들고 전하고 싶었던
안타깝게 그리워
몸부림치던 사연도 놓치고

지금 또다시
한해를 기다려야 하는
슬픈 고독에

너와 내가 함께 취한듯
흔들리는 가지에
찬비가 흠뻑 젖는다

코스모스

고향 가는 길
가슴은 파랗게 물들고
초가을 선들바람 불어오면
하늘거리며 흔들리는 코스모스여

그리움 참노라
긴 목이 가늘어 지고
태우지 못한 정열에
머리는 땅으로 숙였다

파도처럼
물결치는 너의 몸부림
기다리다 지쳐
쓰러진 임이든가

청초한 자태
수줍어 흔들면서
언제나 반겨주는
고향 길 코스모스

홍매紅梅 피는 밤에

기나긴 겨울밤을
침묵으로 떨고

마디마디 붉은 꽃봉오리
첫봄을 기다린 너

오늘밤 달도 밝은데
나는 너를 붙들고

한 맺혀 토하는 붉은 피
네 사연을 듣고 싶다

하늘에는 무수한 별이
너와 나를 바라보고

숲속 깊은 골에
자던 산새들 귀 기울인다

나의 수채화

당신은 사월 어느 날
파란 보리밭 들길을 지나
산 모서리를 돌아갈 때

맑은 강가에
능수버들 하늘거리고
복사꽃 활짝 피어 웃고 있는
그 무렵 과수원을 기억 하십니까

강 언덕 풀밭에
검은 염소는 새 풀을 뜯고
부는 봄바람에 머리카락 날리며
엷은 미소로 바라보던
그 눈빛 기억 하십니까

세월이 강물 되어
멀리 흘러갔어도
내 가슴에 그려진

그날의 수채화는
아직 조금도 바래지거나
퇴색되지 않았습니다

빼앗긴 영토에서

이른 아침
햇살위로 봄이 떠올라
잠자던 매화는 놀라 깨고

피던 영춘화
먼 산 잔설을 보며
꽃잎을 쥐고 떨며 섰다

며칠 사이 내 전원田園은
봄이 서서히 점령하고

빼앗긴 영토에서
나는 점령자의
충실한 종이 되어

밭을 갈고 이랑을 지어
씨를 뿌리고 꽃을 심는다

바람 부는 언덕

복사꽃잎 흩날리는
바람 부는 언덕

산까치 우짖으며
창공에 날고

강 언덕이 보이는
산기슭에는
청송 우거져 솔바람 이는데

파란 보리밭 빈터에
농부는 밭을 갈고

아낙은 감자를 심으면서
흥겨운 콧노래를 부른다

봄이다

춘분이 지나면 봄이다
마른 땅에 봄이 익었다

바람도 구름도
하늘도 포근하고

몸도 마음도 사랑도
꽃과 함께 피어난다

목련이 할미꽃이
개나리 진달래가
봄을 알려주고

산발치
작은 과수원은
도화가 피고 있다

장미의 연가戀歌

네 앞에 다가 서면
천사의 미소인듯

사랑스런 모습으로
붉은 단장 하였으니

이슬 젖은 꽃잎은
내 임의 입술이드라

휘청 거리던 영혼이
네 앞에 머물러

싱그러운 정열에
혼을 태우고

임인 듯 아닌 듯
입마춤 한다

사월의 풍경

봄 햇살 머무는 언덕
뒷산 절벽 진달래 웃고

노란 개나리 춤추는
파란들 보리밭 옆
연분홍 복사꽃 어여쁘다

연두색 실버들 늘어선 강가에
검은 염소는 봄볕에 졸고

강물은 작은 산기슭 돌아
쉬지 않고 흐르는데

강뚝에 핀 민들레
눈부시게 아름답다

오월이 오면

꽃잎보다 아름다운
연두색 잎새

계절은 어디에서
저렇게도 고운 물감 구해다가
꽃잎 시든 자리에 채색했는가

바람이 불면
흔들리는 잎새 사이
햇살 눈부시고

파란 비단으로 펼쳐진 들은
보리밭 물결로 출렁이는데

하늘에 구름 한 점
떨어져 앉았느냐

강 언덕 풀밭에
하얀 찔레꽃 한창이다

오 월

오월이 오면
봄꽃 시든 마을에
정자나무 그늘이 짙어지고

청솔 그늘에 앉았으면
구름이 산에 걸려 멈췄는데
바람은 연두색 물결을 흔들고 간다

저만치 언덕 아래
개울 물소리 들리는 곳
하얀 찔레꽃이 피어 웃고

뻐꾸기 우는 보리밭은
어찌 저렇게도
짙은 초록으로 넘실대는가

강바람도 시원한 산모퉁이
꽃 진 마을 조용한 곳

조는 듯 아닌 듯 노송 한 그루
수많은 사연을 침묵으로 지킨다

단 풍

맑은 하늘
가을 햇살
단풍잎 붉고

거리에 늘어선
가로수 은행잎
황금으로 눈부신다

어찌할까
나도 함께 물이 들어
푸른 마음 붉어지고

가슴속
깊은 곳에
단풍잎 수북하다

봄 산행山行

눈 녹은
산허리를 밟고 가면
아늑한 골짜기에
바람이 모여 소곤거리고

뻗어 누운 능선에
봄 햇살 오래 머물어
절벽 진달래는
작은 미소로 웃고 섰다

먼 추억처럼
아지랑이 아롱대는데
꿈꾸던 할미꽃
무덤 앞에 기지개 펴고

겨울잠 깨어난 산은
고까 입은 아기처럼
봄을 안고 즐겁다

새 봄

산에는 눈꽃 피고
들에는 봄비 내려
보리밭 파릇 파릇

산넘어 오는 봄에
시냇물 맑은 소리
뜰에는 홍매 피고
남녘땅 동백 핀다

초봄에 피는 꽃이
목련이 아니 던가
임인듯 안고 파라
이가슴 조여 든다.

봄 꽃맞이

봄날 화창하여
뒷산 진달래 곱게 피고

꽃물 붉게 흘러
골짝마다 진분홍빛

아서라 모르겠다
내라사 모르겠다

임함께 아니 가면
혼자라도 가봐야지

일손 접어 두고
뒷산에 올라보니

간밤 꽃숲 속에
노루 한쌍 놀다갔네

주남의 가을밤

초가을 달 없는 밤
어둠이 깔린 주남에
호수는 적막을 안고 누웠다

밤이슬
풀숲을 적시고
물새는 우는데

소나기 내릴 듯
먹구름 사이
별 하나 유난히 빛나고

가을 들길에 코스모스
긴 목을 빼고 흔들면
주남 호수는 잠들어 간다

의창義昌의 봄

천주天柱 뒷산에
진달래 꽃물 흐르고
개나리는 들에서 피어 웃는데

실버들 늘어선
지세골 개울물에
사월의 하늘이 담겨 푸르다

산기슭 돌아
연분홍 복사꽃 피던 남산
송아지 울며 뛰놀면
보리밭은
초록으로 짙어 가고

꽃구름 내려앉은
고향의 봄은
부는 바람에
꽃눈이 휘 날린다

제3부

사랑의 영혼

밤 비

가을 밤비에
가슴은 젖고
내 영혼은
그대 곁에서 아름다웠다

사랑스런 눈빛에
불타던 가슴
그대 진실에
목이 메었고

밤비에 젖고선
가로등 밑에
떨어지는 낙엽인 양
애처로운 밤

불 꺼진 창가에
우산 받치고
홀로 외로운데
웃으며 떠오르는 그대 모습이여……

밤의 호수

어스름 가을 달밤
호수는 잠들고

너와 나의 그림자
물 위에 드리울 때

밤하늘 울리는
가슴 찢는 울음소리는

억새 풀숲에
목이 쉬어 우는 풀벌레

만남은 아쉽게도 짧고
이별은 비통하게 길다

열병熱病

처음 만났던 그날은
한여름 밤비가 내렸고
지금은 한겨울
눈비가 내리는데

그때 앓았던
사랑의 몸살로
아직 식지 않는
미열이 남은 것은

오직 당신
당신이 아니면
치유될 수 없는
열병熱病입니다

밤 항구의 찻집

항구의 밤
불빛이 물결 위에
보석을 뿌린 듯 찬란하고

뱃고동 소리도 멀어져간
아늑한 찻집에는

좋은 인연
아름다운 만남이
마주앉은 찻잔에
정을 타서 마시는데

별같이 빛나는
눈망울끼리
속삭이는 언어는

영상에 흐르는
조용한 음악이다

당신은 꽃

당신은 꽃으로 태어나
내게로 다가왔습니다

뒷산 절벽에 핀
진달래의 웃음으로
백합의 짙은 향기를
살포시 내게 풍겨주었고

연두색 오월에 피는
붉은 장미의 미소로
내 가슴을 황홀한
선홍색으로 물들여 놓았소

우아한 목련의 자태로
모란의 품위를 지닌 그대

초록의 풀밭에
아름다운 비단을 펼쳐

한 마리 학이 날듯
춤추며 와서
사뿐히 내 곁에 앉았습니다

초가을 풍경

햇빛 머물다 가는
잔디밭에는

어제처럼
산까치 한 쌍 날아와 놀고

초가을 늦은 매미는
목 쉬어 운다

한 송이 구월에 피는 장미가
맑은 피보다 붉은데

맨드라미 피는 창가에
저무는 석양이

그리움에 젖은 가슴을
진하게 핥고 간다

꿈꾸는 포구

갈대숲
바람에 스쳐 울고
닻 내린 빈 배는
달빛 싣고 조는데

꿈꾸는 포구에
밤바다의 파도를 안고
정情 하나 만든다

긴긴 세월
흐느껴 울어야 했던
모질게도 가슴 아픈 그리움

메아리도 없는
먼 바다 저편에
정 하나 만들어
빈 배에 실어 띄운다

당신은 등불

당신은 내게
가장 소중한 사람

외롭고 고독해도
언제나 내 곁을
당신이 지켜 줍니다

때로는 지겹고 미워도
그 미움이 오래 지탱 못하고
애처롭고 가련한 마음이
안개처럼 싸여옵니다

당신은 나의 등불
달 없는 어두운 밤
당신은 등불 되어
내 눈을 밝혀 줍니다

사 랑

사랑하므로 이따금 슬퍼지고
내 슬픈 눈물은 어디로 흐를까

동백나무에 빨간 꽃이 피고
할미꽃 봄을 알리면
당신을 사랑하는 내 마음도
꽃으로 만발 합니다

푸른 하늘에 떠다니는
구름을 보다가도
내가 부르는 이름은
항상 당신입니다

당신에게 바라는 마음 때문에
내 스스로 만드는 지옥
내 마음 바다같이 된다면
지옥으로 가는 길은 사라질 것인가

언제나 당신을 사랑하는 것이 나의 일상
가끔 마음이 쓸쓸한 빈터가 되는 것은
당신을 향한 진한 그리움이
쏟아지는 눈처럼 쌓여가는
절실함이 커 가나봐

당신을 향한 그리움에
내 마음은 찢어진 누더기
마음과 마음을 연결해
기워줄 실은 없을까

그리워 말자고 돌아서 다짐해도
다시 당신께 돌아가고 있는 이 마음
나는 당신에게 무엇인가요
홀로 사랑을 가꾸는 텃밭이던가
당신의 가슴속에 들어가
나를 헹구고 싶다

당신의 마음을 열어보는
열쇠는 어디 있을까
한 하늘아래 사는 것도 기쁨이지만
언제나 가까이 있고 싶은 처절한 마음
뜨거운 눈물 철없이 흘리면
당신의 사랑이 그냥 보이겠는가

초여름 밤의 강변

그날 밤은 달빛이
유난히도 밝았고

강물은 유유히
되돌아 올 수 없는
산 모랭이로 굽이쳐 흐르는데

우리가 거닐었던
긴 강둑 풀숲에는
놀란 물새가 퍼덕이며 날랐다

추억의 오늘 밤은
달이 기울어 어두운데

홀로 찾은 이 자리
모내기를 끝낸 들에는
개구리 울음소리 요란하고

밤하늘 수많은 별이
깊은 강물 속으로 쏟아져
마구 떠내려가고 있다

미녀美女

그는
한 마리 암사슴처럼
말쑥하고 정갈하다

기린의 모가지를 닮은
긴 목덜미와
길게 뻗은 다리가
아주 시원스럽고

갸름한 얼굴에
우유 빛갈의 피부
크고 검은 두 눈은

이른 아침
연잎에 구르는
이슬방울이었나

그가 남긴
조용한 미소와

상냥한 언어는
아직 내 귓전에 맴돈다

봄비 내리는 날

가랑비가
무르익은 봄을 적신다

활짝 핀
꽃잎을 적시고
울적한 마음까지 적셔

젖은 꽃잎처럼
시든 마음 서러워
홀로 외로운데

먼 추억의 그때처럼
장미보다 더 짙은
붉은 정열의 사랑이 그립다

강변에서

강은
조용히 흐르고

백사장은
강물 따라
길게 뻗어 누웠는데

바람이 불고
풀잎이 흔들리니
서럽고 아쉬워

이 마음 내내 흐느껴
고운 임 생각하며
정주고 내가 우네

만남 그리고 이별

만남은 짧고
이별은 긴데

아름다운 순간이
너무 아쉬워
아직 저 강물위에
이별을 띄울 수 없다

흘러가는 강물이
다시 돌아온다 해도

몹쓸 이별
이별만은 하지 않고
우리는 차라리
이대로 돌이 되리라

고 향

벗은 허물없어 반갑고
임은 사랑해서 좋은데
살구꽃 피던 마을
여기가 고향이던가

맨드라미 꽃필 무렵
수수이삭 익어가고
초가지붕 붉은 고추
박꽃피던 우리 동네

뒷산 노송 가지에
산비둘기 날아 앉고
울창한 대숲에
부엉이 울다 간 곳

산천은 간곳없고
벗도 임도 다 떠났네
모두가 낯선 얼굴
여기가 내 고향이던가

산골 오솔길

한나절을 걸어도
앞서거나 뒤따르는 사람 없는
한적한 산골 오솔길

아무도 보아주는 사람 없는데
단풍은 어찌 저렇게도
곱게 물들었을까……

산새는 맑은 목청으로 우짖고
물소리는 부는 바람 따라
은반에 구르는 구슬 소리다

붉은 잎새 사이
햇살 눈 부시는데
더 높은 하늘은
어쩌자고 저렇게도 푸른지

늦가을 오솔길에
취한 이 마음

하늘처럼 단풍처럼
물이 듭니다

무죄無罪

원인 무효
모두 무죄

분노와 저주를
내 슬픔으로 잠재우고
미워할 수 없는 존재들을
용서해야지

외치며 울부짖을
한 많은 슬픔을
소리 없이 몰래 삭이면서

짐승같이 충혈된 눈빛들을
목메인 한숨으로
가엽게 바라보면

밤하늘에 달과 별이
나를 지켜본다
불쌍한 자들을 사랑해야지……

제4부

강가에 앉아

새벽 별

하늘에
별 하나가 뜬눈으로
새벽을 지키고 있다

누가 나와 함께
저 별이 있는 곳으로
더 다가갈 사람 없을까

산 넘고 들을 지나
달맞이꽃 피어있는
강가에 일찍 닿으면

맑은 강물에
고이 잠긴
새벽별을 건져 올리리라

낙동강

바람이
풀숲을 흔들고 가도
강물은 출렁이지 않고

칠월 장마 개인 날
서녘 하늘에
붉은 석양 타오르면
강물은 물들어 유유히 흐른다

노을 사라져
어둠이 내려앉을 때
초생달 물에 떠 혼자 노닐고
강변 달맞이꽃 향기로운데

굽이굽이 휘돌아 뻗은 칠백리
도도히 흐르는
대하의 물결이여……

빈 배

이른 봄 나루에
홀로 떠있는 빈 배
사공도 나그네도
어딜 갔는지

바람이 안아주듯
뱃전에 스쳐 가면
강물은 조는 듯
은은히 흘러가고

지난해와 닮은 봄은
꽃피우며 또 오는데
흘러가는 저 강물은
다시 돌아 안 오겠지

나루에 묶인 빈 배
너도 빈 배 나도 빈 배
이삭 거둔 들녘마저
빈 배 되어 누웠구나

여름 풍경

태양이 한낮을
뜨겁게 달궈 찌는 날

날던 새는
일찍 깃들고저
깊은 골로 찾아들고

숲속 그늘
숨어 우는 매미소리
고요를 찢는다

연만한 농부
목덜미 길게 빼고
허리 한번 펴보니

서녘하늘 한편에
어느새 하얀 낮달이
구름을 발기고
얼굴 뽀족 내민다

표충사表忠寺의 밤

해 저문 재약산
표충사의 밤

하늘이 무겁게 내려와
이슬비가 탑신을 적신다

풍경소리도 멎고
도량에 흐르는
물소리가 가늘어

경건한 마음으로
조용히 귀를 기울이며

속세에 많은 사연
산사의 깊은 밤에
홀로 참선을 한다

세 월

기축(己丑)년 저무는 날
연줄에 매인 연을
세월이라 생각하고
당겨본들 소용 있나

강물처럼 흘러가면
다시 아니 오는 것을
어쩌다 여태까지
아직 용케 살았는데

사는 날 정하지 못해
사는 대로 살지만
철따라 피는 꽃을
몇 번이나 볼 것인가

사는 대로 살리라
사는 대로 살리라

주남 호수

바다도 강도 아닌 것이
바다처럼 강처럼
뻗어 누웠는데

철새들은 어디서
무슨 소문 들었는지
이렇게도 떼지어 날아왔나

철따라 날아드는
저기 저 낯익은 새
아름다운 죽지 펴고 비상하는데

새가 되고 싶다
철새 따라 날고 싶은
내 마음의 푸른 날개여

서러운 백발

서럽다
백발이 서러운 줄
미처 몰랐는데

해는 서산마루에
잠시 머물어
강물을
붉게 물들이고 있다

자고나면
해는 다시 뜨고
석양은 여전히
강물을 물들이는데

나룻배도 없는
강 건너 저편
쭈그리고 마주 앉은 여인
나처럼 백발인가……

고추잠자리

장맛비 그치니
하늘은 파랗고
꽃구름 사이
은빛 햇살 눈 부시는데

작열하는
태양을 업고
고추잠자리
떼지어 날아든다

어찌 알았을까
가을이 오는 것을
어디에서 몰려 왔을까

녹색파도 넘실대는 벼논에
잠자리 떼 좋아서
함부로 난다

언덕배기 집

아침햇살 머무는
언덕배기 붉은 집
그 옛날 고향에
붉은 양철지붕 생각난다

부자는 아니라도
그 동네 제일 부자
발아래 내려다보고

푸른 꿈이 있다
낭만과 웃음이 있다
아름답고 정다운 대화가 있다

언덕배기 붉은 집 사람들은
언제나 먼 산과 바다위에
그림 같은 노을을 보며 산다

새는 지저귄다

하늘을 날던
작은 파랑새

창가에 날아와
온종일 목이 쉬도록
혼자 지저귄다

우는 것일까
운다고 생각하니
울 일도 있겠지만

지저귄다 생각하면
아름다운 노래더라

울지 마라 새야
새는 울지 않고
노래 부른다

바 람

누가 바람을 보았나요

나무 잎이 흔들리고
옷깃을 스치는 감각으로
바람이 지나감을 느끼며

때로는 무서운 태풍에
천년 노송 쓰러지고
해일도 일어난다

바람은 안보이니
붙잡기가 어려워라

봄바람 여름바람
가을바람 겨울바람

늦바람 치맛바람
숨어 노는 바람소리

삼복三伏

삼복 무더위
하늘 한 자락을 찢어 덮고
대청大廳에 누워 쉬니

그립다 옛 고향
산도라지 꽃피던
빙고등氷庫登 산기슭

뒷산 언덕배기
키 큰 미루나무 밑
콩밭 매던 곰보할매
헐레벌레 쫓아와서

땀에 찌든 삼베적삼
옷이야 젖었건만
내라사 모르겠다

입은 채 말린다
그늘에서 말린다

덥다 소리 아니 하고
하늘 찢어 덮고 잔다

산다는 것

사는 대로 살자
모두가 팔자소관 이더라

하늘과 땅 사이에 살면서
피와 땀과 눈물로 얼룩져
손톱이 닳고 발톱이 빠지도록
세월을 잡고 부지런히 사는데

때로는 찌든 삶에
고뇌의 아픔으로 슬피 울고
인생의 모진 상처를
짐승처럼 핥으며
그늘진 언덕바지에서
쭈그려 혼자 떨고 있다

산다는 것이 이런 것인가
세월에 스친 상처는
흔적으로 남아

전지戰地에서 돌아온
찢어진 깃발인 양 펄럭이며
끝없는 우주공간에서
살아있는 나의 생명은
작은 숨소리를 내고 있다

신 발

신발이 편해야
걸음을 잘 걷는다
아내는 나의 신발이고
나는 아내의 신발이다

처음 신은 신발이라
서로가 불편하고
발가락이 트고
몹시도 아팠는데

신었던 신발이라
바꿀 수도 없었고
이래저래 신다보니
거칠고 낡았지만

이제 바닥이 닳고
모서리가 터졌건만
항상 발걸음이 편해서

씻고 닦아 소중하게
잘 신고 다녀야지……

겨울나무

가지가 흔들리는 것은
마지막 남은 잎새를
놓치고 싶어서일 게다

한여름
그렇게도 무성하던 잎새를
훨훨 벗어 털어버리고

한겨울 모진추위
마디마디 아픈 사연
땅속 깊은 뿌리에 휘감고

엄숙한 침묵으로
긴 겨울잠에 취해
한없이 푹 쉬고 싶을 게다

포구의 밤

저문 포구에
노을 사라지고

달빛은 가슴을 스치며
파도 위에 부서지는데

밤바다의 갈매기는
빈 배에 앉아 쉰다

부는 바람에
갯 내음 밀려오고

긴긴 세월에
모진 서러움
썰물 되어 밀려가면

빈 배에 홀로앉아
슬픈 고독을 마신다

천주산맥天柱山脈

억만 년 세월
하늘을 이고 선 천주산 아래
티 없는 마음들이
모여 사는 의창義昌

청송 우거져
솔바람 일면
천주산 진달래
꽃물 흘리고

붉은 가슴에
푸른 숨결들
슬기로운 삶으로
이 땅을 가꾸며

여명의 눈빛은
희망으로 빛나
의에 죽고 참에 사는

우리들 가슴속엔
천주산맥이 뻗어있다

자연과 시심詩心의 일체화

—김종두의 제3시집 『아침햇살 머무는 자리』

채 수 영 (시인 · 문학비평가)

1. 시의 이름으로

인간의 심성은 진실과 아름다움 그리고 순수 앞에서는 가장 진솔한 반응을 나타낸다. 왜냐하면 감동에 따른 정서의 긴 파장을 갖기 때문이다. 물론 진실이라거나 아름다움 혹은 순수라는 의미에는 추상적인 기준을 거론할 수 있지만 감동의 파문은 위장으로 나타낼 수 없다는 데서 거짓이 아니다.

인간이 자연을 대상화로 선택할 때 진실 그리고 순수의 표정이 연출된다. 시를 쓰는 이유도 이런 이치에 적합할 것이다. 다시 말해서 시를 만나는 독자는 감동을 느낄 때 비로소 시의 가치를 생산하는 결론에 이르기 때문이다. 여기서 시는 항상 열려진 정서 혹은 개방된 공간에서 맛보는 기준이기 때문에 공감共感의 가치를 생산하게 된다. 공감을 가질 수 있다는 것은 앞에서 언급한 아름다움 혹은 순수라는 정서에 몰입되었다는 것을 의미한다. 이를 위해 시인의 삶은 범인凡人들의 양식과는 다른 일관성을 갖고 살아간다. 자기만의 개성 혹은 타인이 느끼지 못하는 감수성의 촉수를 두리번거리면서 대상을 선택하기 위해 신명神明을 충전하려 한다. 아울러 사물을 바라보는 시선 또한 사물의 이면을 통찰하는 유다른 마음의 눈을 두리번거리고 산다. 마음으로 바라보는 세계는 현실의 세계와는 다른 순수의 정서가 목록을 이룰 때 문이 열린다. 시인은 일상을 곧게 펴가면서 살아가는 존재－선비의 이름에 값한다. 때문에 어려운 시련에서는 예지의 노래를 부르고 행복 앞에서는 화려한 의상을 걸치고 살아가는－ 기준자(尺)와 같은 삶을 살기 때문에 그의 시에는 존경과 향기가 난다. 자연과 시심의 동화는 결국 시인의 시적 정서가 곧은 줄기를 형성하면서 순수로 포장될 때 보이는 의식의 풍경화가 된다.

김종두의 시집은 자연－강이나 호수 또는 봄, 여름, 가을, 겨울의 정서가 대상으로 선택되었고, 이를 변용變容하면서 시화詩化의 길을 취택하고 있다.

2. 자연의 변용 혹은 일체화의 길 찾기

1) 의식의 수채화

시인의 의식은 자연이라는 재료를 통해서 정서를 나타내는 방법으로 미화된다. 물론 이를 시학의 논리로 말한다면 물질시physical poetry라 칭하지만, 시적 표현의 본래 의도와 실제의 의미 그리고 독자가 이해되는 의도와는 다를 수 있다. 이런 이치 때문에 시를 일러 ambiguity라 부르는 이유가 있고 이런 시(詩)일수록 좋은 평판을 얻게 된다. 시와 애매성의 사이에는 일정한 논리적인 길이 숨어있고 또 교훈적인 최종 종착지가 열려진다. 마치 좋은 시는 쉽게 설명할 수는 없을 지라도 여운이 있는 감동을 수반하는 것을 일컫는다. 한 편의 시를 예로 한다.

당신은 사월 어느 날
파란 보리밭 들길을 지나
산 모서리 돌아갈 때

맑은 강가에
능수버들 하늘거리고

복사꽃 활짝 피어 웃고 있는
그 무렵 과수원을 기억 하십니까

강 언덕 풀밭에
검은 염소는 새 풀을 뜯고
부는 봄바람에 머리카락 날리며
엷은 미소로 바라보던
그 눈빛 기억 하십니까

세월이 강물 되어
멀리 흘러갔어도
내 가슴에 그려진
그날의 수채화는
아직 조금도 바래지거나
퇴색되지 않았습니다

—〈나의 수채화〉

시인의 정서가 아름다움을 나타내는 대표적인 시심으로 보인다. 순수하고 아름답고 추억이 깃들어있고, 사랑의 향기가 다가오는 착각을 연상하기 때문이다. 아마도 김종두의 모든 시를 이 한 편으로 대표해도 좋을 것 – '당신' 이라는 미지의 대상을 향하는 진정성이 있다. 겨울이지만 '파란 보리밭' 때문에 추위가 느껴지지 않고 따스함을 연상하면서 다시 화려한 복사꽃이 푸른 초원에의 추억을 떠올리는 회상의 무드로 마무리 된다. 강 언덕에 한가롭게 풀을 뜯는 염소가 있는 전원 풍경을 바라보는 '미소의 눈빛' 에의 추상追想, 이런 세월의 기억들은 멀리 갔어도 항상 가슴을 적시는 노래가 되어 떠나지 않는 풍경화로 변하여, 시인과 인연으로 엮어졌던 대상을 유추하게 된다. 추억의 아름다움은 때로 회상의 무드를 불러온다. 그러나 추억이 있음으로써 오늘의 삶에 윤기를 더할 수 있고 오늘은 결국 미래로 향하는 꿈을 갖게 된다면, 김종두가 염원하는 공간은 멀리 있는 추억제追憶祭일지 모른다. 이는 '그날의 수채화/ 아직 조금도 바래지거나/ 퇴색되지 않았습니다' 에서 생기 도는 마음의 여유가 아름답기 때문이다.

아울러 추억의 이름은 단속적이지 않고 의식에 파문을 이루면서 이어진다. 그러나 시인은 편리한 은유이거나 비유의 포장지로 자신의 생각을 포장하는 기교를 갖고 있기 때문에 시의 소중한 이유를 내세울 수 있게 된다.

그날 밤은 달빛이
유난히도 밝았고

강물은 유유히
되돌아 올 수없는
산모랭이로 굽이쳐 흐르는데

우리가 거닐었던
긴 강둑 풀숲에는
놀란 물새가 퍼덕이며 날았다

추억의 오늘 밤은
달이 기울어 어두운데

홀로 찾은 이 자리
모내기를 끝낸 들에는
개구리 울음소리 요란하고

밤하늘 수많은 별이
깊은 강물 속으로 쏟아져
마구 떠내려가고 있다

—〈초여름 밤의 강변〉

〈나의 수채화〉와 유사한 이미지가 연장되는 인상을 준다.

'사월 어느 날' 이 '초 여름밤의 강변' 으로 바뀌었고 '능수버들' 이나 '복사꽃' 이 활짝 핀 정경情景이 〈초여름 밤의 강변〉에는 '우리가 거닐었던 긴 둑' 의 모습으로 전환되었다. 아울러 조금도 퇴색되지 않았다는 무드가 후자의 시로 오면 '홀로 찾은 이 자리' 와 별이 쏟아지는 풍경 – '강물 속으로 별이 떠내려가는 흐름' 이 의식의 이동과 짝을 이루고 있다. 이로 보면 두 편의 시는 시인의 의식이 유동적면서도 아름다움을 연결 짓는 '별' 이나 '강물' 이 살아 숨 쉬는 것 같은 현실감을 가져온다. 이처럼 과거의 의식이 오늘로 이동하는 매개체의 별 그리고 강물이 이어주는 역할을 하면서 오늘에서 추억을 건져 올리고 또 미래로 꿈을 연결하는 고리역할을 수행하고 있어 –잔상殘像에 곱고 아름다운 추억을 더해주는 기능을 한다.

이런 종합의 소견은 김종두의 시심을 보여주는 메시지이자 시심을 이루는 동력이라는 결론으로 정리된다.

2) 동일화 혹은 일체화

시는 대상과의 일체화identification라 칭한다. 물론 대상은 시인이 포착하는 사물이다. 다시 말해서 감흥의 일차적인 대상인 사물과 시인의 의식이 결합하여 완전 일체화를 이루면

그 시는 아름다움을 나타내는 자연과 동화–산수도 절로 절로, 녹수도 절로 절로의 '절로 절로'의 상태–이는 외부적인 요인이 개입되는 작용이 아니라 '제 흥'에 겨워–이런 자발적인 상태로 변화하면 가장 완벽한 상태로 흥이 일어난다. 다시 말하면 천의무봉天衣無縫으로의 질박質朴한 상태이고 순진純眞무구無垢의 상태를 맞이하게 된다. 논어 자로편에 강의剛毅 목눌木訥 근인近仁의 목눌–소박하고 말을 뜨게 함에 접근된 상태를 의미한다. 〈산골 오솔길〉이나 〈샘물〉은 이런 경지를 가장 극명하게 묘사하고 있다.

하늘이
맑은 샘물에 담겨 있고

구름은
샘물 속에 떠가고 있다

엎드려
마른 목을 적시면

하늘도 구름도
입속으로 빨려들고

손으로 샘물을 푸니

하늘이 구름이 손에 잡힌다

—〈샘물〉

천진한 동화童話의 경지는 시詩의 궁극에 이르기위한 비유로 살아난다. 다시 말해서 직설적인 설명이 아니라 비유를 통해서 하나로 통합하는 이미지를 창출한다는 뜻이다. '하늘이 샘물에 담겨있고' 시적 화자가 비로소 엎드려 손으로 담을 때, 맑은 샘물만이 아니라 하늘 까지 담겨지는 점에서 동화의 경지가 이루어진다. 물론 샘물을 손으로 마실 때 하늘도 구름도 그리고 시인의 의식 속으로 빠져 들어가는 설명은 숨겨져 있다. 이런 부수적 효과는 시원함을 더하면서 촉각과 시각 그리고 청각적－공감각적인 효과가 이 시의 특징을 이루고 있다.

산새는 맑은 목청으로 우짖고

물소리는 부는 바람 따라

은반에 구르는 구슬 소리다

붉은 잎새 사이

햇살 눈 부시는데

더 높은 하늘은
어쩌자고 저렇게도 푸른지

늦가을 오솔길에
취한 이 마음
하늘처럼 단풍처럼
물이 듭니다

—〈산골 오솔길〉에서

자연은 저마다 홀로의 모습을 보이지만 이를 바라보는 인간의 흥은 시시 때때로 변하는 감동을 갖는다. 이는 대상에 접합하여 일체화로 변한 것을 의미한다. 여기엔 어떤 간섭이나 물리적인 개입이 있을 수없는 경지의 무구성이다. 시인은 늦가을의 단풍과 물소리 그리고 하늘의 푸름에 취하는 것-이런 풍경의 처지를 나의 정서로 받아들이는 자발성의 동화 즉 감수성의 특성이기도 하다. 때문에 마지막 구절에서 '하늘처럼/ 물이 듭니다'의 완벽한 조화의 경지를 방문하게 된다. 김종두의 시적 발상은 비록 투박할지라도 순수하고 깨끗한 정서를 여과없이 나타내는 특성을 바라보는 즐거움이 남게 된다.

맑은 하늘
가을 햇살
단풍잎 붉고

거리에 늘어선
가로수 은행잎
황금으로 눈부시다

어찌 할까
나도 함께 물이 들어
푸른 마음 붉어지고

가슴 속
깊은 곳에
단풍잎 수북하다

—〈단풍〉

시인이 선택하는 계절감은 그가 가장 깊은 감명을 수반한다. 다시 말해서 가장 좋아하는 계절이 시로 나타난다면 김종두의 시는 가을의식이 가장 곱게 채색되는 특징이 있다. 물론 봄을 표현한 시도 적지 않은 미감美感을 보이지만 가장 득의得意로운 표현미는 꽃들이 피는 봄보다는 가을의 단풍에서 더욱 윤기를 나타낸다. '어찌할까/ 나도 물이 들어/ 푸른 마음 붉어지고// 가슴 속/ 깊은 곳에/ 단풍잎 수북하다'의 절창으로 그의 시심을 완성하기 때문이다. '어찌할까'의 탄식은 슬픔이 아니라 어찌할 바를 모르는 침잠(沈潛)의 상태 – 때문에 물이 들어 다만 하나로 통합되는 절차를 갖게 된다. 결국 가슴 속에 단풍잎만 수북하다는 의미 – 보여줌(showing)의 상태로 표현될 수밖에 없는 탄식이 '어찌할까'로 나타난다. 〈새벽별〉이나 〈파랑새〉, 〈낙화〉 등은 자연과 시인의 마음이 일체화된 정서를 보여주는 시들이다.

3) 사랑의 정서 찾기

부부는 사랑의 결정結晶을 의미하지만 사랑의 완성을 뜻하는 것은 아닐 것이다. 즉 서로 함께 가는 존재라는 의미에서 사랑의 조건은 될 수 있지만 아름다운 사랑이거나 사랑의 속깊은 의미로 단정할 수는 없다. 스치듯 지나는 사랑에 평생을 목매는 사랑도 있고 또는 아름다운 추억을 잊지 못하는 사랑도 있을 수 있다. 그러나 이런 사랑은 부부의 사랑과는 다르다. 부부의 사랑은 믿음이라는 줄기를 따라 함께 영원의 길을 가는 동반자라는 의미에서 더욱 깊은 맛을 갖기 때문이다. 〈당신은 꽃〉이나 〈사랑〉, 〈당신은 등불〉 등은 아내라는 말은 직접적으로 나타나지 않지만 등불이라는 이미지에서 동반자 혹은 없어서는 안 될 사람으로 나타난다.

당신은 내게
가장 소중한 사람

외롭고 고독해도
언제나 내 곁을
당신이 지켜줍니다

때로는 지겹고 미워도
그 미움이 오래 지탱 못하고
애처롭고 가련한 마음이
안개처럼 싸여옵니다

당신은 나의 등불
달 없는 어두운 밤
당신은 등불 되어
내 눈을 밝혀줍니다

—〈당신은 등불〉

등불이 필요한 이유가 어둠에서라면 아내는 등불과 같으리라. 미움이거나 혹은 아픔일지라도 모두 인내로 감싸는 포용력 때문에 어둠에서조차 보이는 모습으로 현신現身하기 때문이다. 그 근본은 사랑이라는 원초적인 에너지가 담겨있고 영원한 동반의 길을 함께하는 행로를 수용하는 사람이이기에 영원성을 갖는다. 다시 말해서 지나치는 사랑의 가치가 아니라 사랑의 근본을 지키는 수문장으로의 역할을 마다하지 않는 사람이기에 아내에게서는 등불같은 이미지가 돋보이는 이유가 된다. '달없는 어두운 밤'으로 비유된 고난과 아픔 그리고 삶의 처절한 능선을 답파할 수 있는 동반의 사랑이기에 세속의 사랑보다 깊은 맛이 담겨있다. 김종두는 이런 에너지를 소화하는 시를 제조하는 이유가 '내 눈을 밝혀 줍니다'에 모든 해답이 담겨있다. 눈을 뜨고 있어도 마음으로의 눈은 항상 맹목盲目의 포로가 되어 속세를 유영하는 존재이기 때문이다.

당신은 꽃으로 태어나
내게로 다가 왔습니다

뒷산 절벽에 핀
진달래의 웃음으로

백합의 짙은 향기를
살포시 내게 풍겨주었고

연두색 오월에 피는
붉은 장미의 미소로
내 가슴을 황홀한
선홍색으로 물들여 놓았소

—〈당신은 꽃〉에서

사랑하므로 이따금 슬퍼지고
내 슬픈 눈물은 어디로 흐를까

동백나무에 빨간 꽃이 피고
할미꽃 봄을 알리면
당신을 사랑하는 내 마음도
꽃으로 만발 합니다

—〈사랑〉에서

두 편의 시는 모두 사랑의 이미지를 담고 있지만 내면으로는 아내를 향한 절절한 마음의 강물이 흐르고 있다. 아내라는 지칭을 하지 않더라도 시적 문맥으로는 아내를 꽃으로 환치換置하고 사랑의 농도를 그려나가는 시적 행로에는 깊은 신뢰 혹은 사랑이 꽃으로 변하는 모습에는 향기가 난다. 동백. 목련, 할미꽃, 장미, 진달래, 백합 등 화려한 수식을 다하면서 이면에는 향기의 상승을 기대하는 마음으로 진정을 나타낸다. 꽃의 비유가 사랑으로 직핍直逼하는 것은 사랑의 농도가 지고至高하고 순수하면서 은근미를 주는 점에서 철없는 사랑이 아니라 은근하고 따스한 정감을 간직한 사랑의 깊이를 느끼게 된다. '당신을 사랑하는 내 마음도/꽃으로 만발합니다' 에서 김종두의 아내 사랑은 더욱 신뢰의 안도감이 흐르고 있음이다.

a) 비유로 풀어가는 사랑 – 아내

시인은 곧게 살고 은유로 표현하고 비유로 완성한다. 다시 말해서 세상을 곧게 살면서 이를 표현하는 일은 직접적인 표현이 아니라 비유라는 장치를 통해서 나타나는 대상– 소박하지만 깊고 은근하면서 영원한 이미지를 완성하는 성주城主일 때 시의 가치는 고귀해진다. 아내에 대한 편안함을 무엇으로 대체했을 때 가장 근접될 것인가? 물론 시인마다 다른 이미지로 자신의 정서를 나타낼 것이다. 그러나 김종두의 비유는 신발이라는 뉘앙스 – 적절한 이미지가 앞장 선다.

신발은 편해야
걸음을 잘 걷는다
아내는 나의 신발이고
나는 아내의 신발이다

처음 신은 신발이라
서로가 불편하고
발가락이 트고
몹시도 아팠는데

신었던 신발이라
바꿀 수도 없었고
이래저래 신다보니
거칠고 낡았지만

이제 바닥이 닳고
모서리가 터졌건만
항상 발걸음이 편해서
씻고 닦아 소중하게
잘 신고 다녀야지……

—〈신발〉

비유로 시를 살아나게 한 매우 적절한 전달의 효과를 보이는 시이다. 왜냐하면 시적 비유는 가장 합리적일 때, 효과를 극대화할 수 있고 그 비유는 생동감과 긴축적 부수성을 이끌고 오기 때문이다. '신발은 편해야 한다'는 명제는 누구나 체험으로 알고 있는 해답이다. 새 신발에서 받는 고통은 뒷굼치가 아프고 때로는 피까지 보임으로써 길들여지는 과정을 지나야 비로소 내 발에 맞는 신이 될 수 있기 때문이다. 아내도 처음부터 발에 맞는 경우는 아닐 것이다. 그러나 수많은 세월을 지나면서 편안하게 맞아지는 이치는 오묘하다. 깎아지고 다듬어지는 과정에서 많은 고통이 따를 것이고 이런 수순을 지나면서 사랑의 은근함은 편안하게 된다. 아내(부부)는 편해야 한다. 이것을 사랑의 힘이라 말하기 전에 사랑보다 깊은 신뢰의 마음이 모여지는 일이기에 가정의 근간을 이루는 우선 순위의 요인이 된다. '이제 바닥이 닳고'의 무수한 세월동안 때로는 다툼도 있었을 것이고 더러는 돌아서는 마음도 있었을 것이지만 이런 애로를 지나 '항상 발걸음이 편해서/ 씻고 닦아 소중하게/ 잘 신고 다녀야지'의 표현은 깊은 감사의 뜻이 내장된다. '소중하게'를 깨달은 일은 결국 사랑의 에너지가 변함없다는 데서 완전한 동화同化 이유를 의미한다.

b) 진실의 사냥꾼 – 농부와 시인

시인은 곧게 사는 사람이라 했다. 농부 역시 한 톨의 씨앗으로 소득을 올리는 점에서는 농부와 같다. '콩 심은 데 콩 나고 팥 심은 데 팥 난다'는 속언처럼 콩은 콩이 되고, 팥은 팥이 되는 정직正直을 심고 거둔다.

봄 햇살
이랑 긴 밭에
오래 머물러

농부는 씨를 뿌리고
시인은 시를 거둔다

바람이 흰 구름을
밀어내고
낮달이 노 저어 가면

저녁노을 내려와
쉬고 가는 자리에
매화꽃 활짝 피어 향기롭고

밭이랑 끝에서는
시인이 걸어오고
농부가 걸어오고……

—〈시인의 땅〉

농부는 씨앗을 심어 농산물을 생산하고 시인은 시를 건져 올린다. 그러나 시인은 무(상상력)에서 있음(시)을 만들기 때문에 창조라는 말을 쓴다면 농부는 씨앗이라는 유형물을 땅에 심어 일정한 소득의 작물을 거두어 들인다. 그러나 매화꽃에서 향기가 나오는 이치는 시적 감동과 같은 이미지일 것이다. 시인과 농부는 공(共)히 정직을 심어 결과물에 감동을 이루기 때문에 농부와 시인의 역할은 모두 땀을 심고 마음의 정갈함을 희생으로 삼아 감동을 세상에 내 보내는 일체화의 화신이 된다.

4) 삶의 표정

모든 시인은 자신을 나타내는 방도로 시를 쓴다. 그러나 그 시의 표정은 항상 일정한 것은 아니다. 때로는 웃기도하고 때로는 울고 －정직을 나타내는 온도계와 같은 역할을 다한다. 그렇다고 시가 위장의 탈을 쓰는 것은 아니다. 다만 돌아가고 휘어가면서도 그 내면에는 따스한 온도를 유지하기 위해 헌신한다. 이것이 시의 가치이면서 시의 효용을 대신하는 의미가 될 것이다.

김종두의 시는 포근하다. 이런 기류는 그의 삶의 모습을 나타내는 점에서 근사점을 갖는다. 그리고 조용한 정적靜的인 미감이 은근미를 유발한다.

갈대숲
바람에 스쳐 울고
닻 내린 빈 배는
달빛 싣고 조는데
꿈꾸는 포구에
밤바다의 파도를 안고
정情 하나 만든다

긴긴 세월
흐느껴 울어야 했던
모질게도 가슴 아픈 그리움

메아리도 없는
먼 바다 저편에

정 하나 만들어

빈 배에 실어 띄운다

―〈꿈꾸는 포구〉

포구의 안온한 풍경이 노년의 깨끗한 모습과 오버 랩 된다. 이런 정경은 시인의 모습이고 또 그런 삶의 허무－허무는 노년에 찾아오는 필연적인 현상이기 때문에 얼마나 담백한 모습으로 생을 마칠 것인가에 의식이 집중된다. 〈꿈꾸는 포구〉나 〈빈 배〉 역시 허무의 풍경화이면서 삶의 본질이 무엇을 의미하는 가에 이른다. 허무라는 암시는 삶의 도정道程을 충실하게 살아온 사람이 맞이하는 종착지이기 때문에 이를 담담함으로 처리하는 일은 숙명의 해답을 갖는 것과 같다. 공자도 예수도 소크라테스도 그들이 뱉은 말은 결국 허무였기 때문이다. '먼 바다 저편' 을 꿈꾸고 또 그곳으로 지향하는 마음이 그리움으로 표출된다.

나루에 묶인 빈 배

너도 빈 배 나도 빈 배

이삭 거둔 들녘마저

빈 배 되어 누웠구나

―〈빈 배〉에서

너와 나를 '빈 배'로 지칭할 뿐만 아니라 자연-이삭을 거둔 들녘 또한 '빈 배'가 되었다는 상황은 허무를 삶의 본질로 해석한 느낌이다.

자연과 인간은 분리되는 사상이 아니다. 하나이면서 둘이고 둘이면서 하나라는 동양적인 발상을 자연은 곧 본질로 생각하면서 인간은 그 자연의 일부라는 사상을 내장한다. 김종두의 의식은 결국 빈 배와 같은 정적靜的인 고요 속에서 삶의 원형을 어떻게 이끌고 마지막에 도달할 것인가의 의문을 던짐으로써 해답은 독자의 몫으로 처리하는 기교를 보이는 시- 그런 시인이다.

5) 계절의 감각

김종두의 시에 가장 많은 빈도를 차지한 것은 계절 감각을 노래한 시들이다. 아마도 봄의 정서가 가장 많고 그 다음이 가을 그리고 여름, 겨울 순으로 나타난다. 봄의 감각은 생동감을 부추기는 이미지가 번다煩多하고 여름은 꽃으로의 상승하는 향기를 암시한다.

봄 햇살 머무는 언덕
뒷산 절벽 진달래 웃고

노란 개나리 춤추는
파란 들 보리밭 옆
연분홍 복사꽃 어여쁘다

연두색 실버들 늘어선 강가에
검은 염소는 봄볕에 졸고
강물은 작은 산기슭 돌아
쉬지 않고 흐르는데

강뚝에 핀 민들레
눈부시게 아름답다

—〈사월의 풍경〉

봄날은 생동감의 계절이다. 그리고 만산에 흐드러지게 꽃이 피고 꽃은 향기를 가져옴으로써 인간의 정서를 약동의 경지로 몰입하게 만든다. 이를 끌어오는 것은 햇살이라는 자양분에 의해 싹을 틔우고 그 싹은 화려한 개화를 재촉한다. 아울러 꽃은 향기로 불러 모으는 우정에 의해 비로소 존재의 확실성을 나타낸다. 여기서 향기는 벌, 나비를 끌어들이는 임무만이 아니라 하늘로 상승하는 고귀한 이미지를 수반하면서 소기의 목적을 달성하게 된다. 〈사월의 풍경〉 – 엘리어

트는 '잔인한 달' 이란 역설적인 표현으로 오히려 위대하다는 의미 - 얼음의 땅을 뚫고 꽃들을 피워내는 희망을 4월에서 보았기 때문에 봄에는 생명의 도약이 숨쉬게 된다. 김종두도 이런 의식으로 봄날의 정서를 앞장세우는 것 같다.

> 들국화 핀 언덕에
> 그렇게 애처롭던
> 풀벌레 울음소리도 멎겠지
> 슬픈 가을밤이
> 비에 젖고 있다

―〈비 내리는 밤의 고독〉에서

가을은 결실이라는 조락凋落에 맞선다. 그러나 김종두의 시심에는 〈단풍〉과의 일체감 - 시인의 마음과 자연의 아름다움이 하나로 승화되는 모습이 보이면서 비 내리는 슬픔이 드러난다. 이는 고독이라는 이미지와 물기 젖은 밤의 어둠이 교접작용을 하면서 슬픔이라는 무드로 전환하고 이어 생의 궁극에 대한 사고 - 결실의 끝이 무엇을 암시하는 가에 이른다. 〈주남의 가을 밤〉이나 〈코스모스〉 등은 가을 무드가 처연하게 가라앉아 있음을 느끼게 한다. 이는 시인의 정서가 이르고자 하는 시적 의도intentional meaning가 도달하는 지향점과

일치하는 정서를 암시한다. 기쁨에의 손을 들고 작약雀躍하기보다는 고독한 정경의 강물을 더 가까이하려는 뜻도 암시하기 때문이다.

3. 에필로그

김종두의 시는 조용하고 따스함으로 본질을 삼고, 아름다움에 도달하기 위해 비유의 숲을 조성한다. 그러나 요란하고 떠들썩한 것이 아니라 정적靜的이고 포근하다. 아마도 그의 성장의 풍경이 되는 이치와 같을 것 같다.

시는 사랑을 말하되 그 본질에 다시 은유된다. 때문에 사랑은 개성의 묘미를 갖추고 표정을 관리하게 된다. 아내를 사랑으로 포장할 때 김종두의 시에는 은근미가 보인다.

사물을 대상으로 받아들여 조화로 최종 목적지로 삼을 때 그의 시적 무드는 간격없는 동화同化적인 표현에 몰두할 뿐만 아니라 독자는 이를 이해하기 위해 여유있는 감성을 접근시키면 된다. 이것이 시인의 의식 속 수채화를 대면하는 방법일 것이다. 아울러 동양화와 같은 포근한 미감美感이 용해되어 감동을 준다.

계절 감각은 봄의 이미지가 우선하고 가을은 서러운 상상

력이 지배력을 갖고 있지만 혼탁한 것이 아니고 담담함에서 투명하다. 김종두의 시는 깨끗하고 질박質朴한 풍경화로 의식을 조심스레 펴 보이는 감수성의 조용한 시인이다.